# বনভোজন

# বনভোজন

রিমি দে

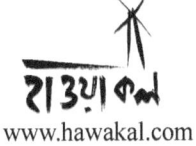

হাওয়াকল
www.hawakal.com

*Banobhojan*
A collection of Bengali poems
by Rimi Dey

প্রকাশ সেপ্টেম্বর ২০১৮

© লেখক

প্রচ্ছদ : Canva

প্রচ্ছদ প্রস্তুতি: বিতান চক্রবর্তী

হাওয়াকল পাবলিশার্স কর্তৃক ১৮৫, কালি টেম্পল রোড,
নিমতা, কলকাতা—৭০০০৪৯ থেকে প্রকাশিত এবং
এস পি কমিউনিকেশনস্, গড়পাড় রোড,
কলকাতা ৭০০০০৯ থেকে মুদ্রিত।

info@hawakal.com
Contact: 8420758224

১৬৫.০০/-

ISBN: 978-93-87883-26-0

www.facebook.com//hawakaal.publishers

বনজ লতা-পাতা যারা কবিতাপাগল

অরণ্যের গভীরে থেকে অরণ্য অতিক্রম করে
এগিয়ে যায় মুছে যাওয়া নদী

সেই সব আবছা প্রলাপ থেকে আমি
আলগোছে তুলে রাখি আলো-অন্ধকার

১.
চারদিকে সাপ ও সাপের মতো বাঘ ও বাঘের মতো
প্রাণীদের ছড়াছড়ি দেখে দু-পকেটে কিছু খুচরো বাঘ ও
সাপ রেখে দিই
অনেকেই জেনে গেছে এইসব আজকাল

শীতের দূর্বাঘাসে বৃষ্টির আবহ দেখে
জঙ্গলের দোকানে যাই
সবুজ দোকানঘর আড়চোখে দেখে নেয় নীরব প্রপাত
কিছুটা কুয়াশা ঢেলে দিই স্পেসের উপর
কবিতাও শ্বাসের আভাস তুলে দেয়
বিনিময়ে বাঘের বর্ম পরি
লেগে থাকা স্তবকের পুরোটা আহ্লাদ মিশে
কুয়াশাও মজে ওঠে গন্ধমাখা বাঘে
জানালার ফুটো দিয়ে সাপ আর সাপেদের মতো কেউ কেউ
বাঘেদের মতো কেউ কেউ দেখে ফেলে
ওরা জেনে গেছে ওরা বুঝে গেছে
লাভ নেই আর কোনো চ্যাংমুড়ি কানি বলে

খুচরো সাপেরা এসে প্রবল সাপের সাথে একাকার হয়
খুচরো বাঘেরা এসে প্রবল বাঘের সাথে একাকার হয়

২

জঙ্গল মানে বন্ধন    জঙ্গল মানে চুক্তি

জঙ্গল ভ্রমণের জন্য দু থেকে পাঁচ মিনিটই কাফি!

৩
আলো লিখতে লিখতে অন্ধকার হয়ে উঠছি
অরণ্য লিখতে লিখতে সিংহ হয়ে উঠছি

আলো অরণ্য হয়ে গেলে
কিংবা অরণ্য আলো হয়ে গেলে

সিংহটি ভয়ঙ্কর অন্ধকার হয়ে ওঠে

৪

সিংহ দেখব বলে স্বপ্নেই থাকি
সিংহ ও স্বপ্নের সঙ্গে খেলার যোগ রয়েছে
স্বপ্ন সিংহ নিয়ে খেলে
স্বপ্ন ভেঙে গেলে সিংহরা বিন্দুতে মিশে যেতে থাকে
রোদ বৃষ্টি পুতুল এবং জলও হয়ে যেতে পারে
জলে আমার আতঙ্ক ও জয়

তবু কী আশ্চর্যজনকভাবে জলেই আমাদের বিনিময়!

৫

পরিপূর্ণ প্রেক্ষাগৃহ মনে হয়
গমগম করি ভাব ও বৈভবে
ভরদুপুরে বিভাব ও মধু বিষণ্ণতা
দুইহাতে শূন্য মেখে মেখে নীরবেই
করতল ভীষণ প্রবালে মেতে ওঠে
প্রবল তিমিও লবণাক্তে ভেসে ভেসে
করতালি দেয় চুপেচাপে ভয়ে ভয়ে
আর দু-ঠোঁটে প্রতিপক্ষের চিরকুট ওড়ায়

আমি তো পাঠক মাত্র
মুগ্ধ থাকি রূপের মোহনে
অঙ্ক দেখি কাননে কাননে

৬
রাঙামাটির আড়ালে থেকেই বাঘটি
সবুজ হয়ে উঠে এসেছিল
বাসস্থানে ভরা কার্তিকের ঘ্রাণ
বাঘটি এক-পা এগোয়
দু-পা পেছোয়
দু-পা এগোয় তিন পেছোয়

একটি অপ্রচলিত রাস্তায় বাঘের গল্পটি হাঁটতে থাকে

৭

এই বিষ ও খোলস আমার প্রিয়

বিষের গভীরে যে ধ্বংস সেখানেও
আলো খেলা করে
নদী মৃদু বয়ে যায়
দংশনে বেদনার মেঘ লাল হয়ে ফুলে ওঠে

ক্ষত মেখে কণ্ঠে বিষ চেপে বেঁধে রাখি
আমার সাপেরা কিলবিল করে আমার ভিতর

৮

নদীটি নামিয়ে রাখা হল ভিতর থেকে

ফুরফুরে হাওয়ায় পাখিটি আর ঘাড় ঝাঁকায় না

ফুরিয়ে যাওয়ার আগে পাখিটি আর একবার ধানক্ষেত
হয়ে উঠবার চেষ্টা চালাতে লাগল

৯

একটি অসম্পূর্ণ পাখির জন্য হাহাকার

প্লেটের উপর দীর্ঘশ্বাস নত হয়ে বসে
নতমুখী ফুল থেকে পিছলেরা লিলি ঢালে
কারা যেন বিষাদের কথা বলে এমন দিনে
লিলি আর আলো মিলে একমুঠো জঙ্গল
রাখে বিষাদের পাশে—

আমি লোক জড়ো করি
একে ওকে তাকে বলতে শুরু করি হাহাকার

১০
ভিতর ভিতর কথা হয়
ভিতর ভিতর ব্যথা হয়
ভিতর ভিতর সাপ ও নেউল
ভিতর ভিতর আলো ও অন্ধকার
ভিতর ভিতর মানুষ মানুষ খেলা
হাওয়ারা হাতে হাত রেখে চলে যুগ যুগ ধরে পথ ও পাতায়
বুকের ভিতর বাংলা ভাষা নড়াচড়া করে

১১

পাতাবাহারের পাশে নীল শাদা লাল
সাপগুলো রাখা আছে থরে থরে
ফণারাও আদর সরিয়ে রেখে
হাহাকারে সিক্ত করে নিজের ফাগুন

আগুনের দুপুরে শুয়ে থাকি
হৃদয়ে থাকে না ঢাল
কিংবা কোনো খোলা তরোয়াল —
সাপের অহং নিয়ে গাঢ় লাল ঢেউ
স্রোত নিয়ে ফুলেফেঁপে আসে
                    ভাসে
পাতাবাহারের পাশে সবুজ ভাষার কাছে

পাতাতে ছিল না কেউ
খাতাতে থাকে না কেউ
পায়ের উপরে রাখা ধোঁয়ামাখা হাত
হাতের তালুতে নীল করতল

পাঁক ধরে প্রতি পাকে বাঁকে

বিকেলের শান্ত মগ্ন প্রতাপে
জমা থাকে পাতাবাহারের সাপ !

১২

বামদিকে আর কোনো দরজা জানালা নেই
দক্ষিণের দরজা জানালাগুলি শীতকাল হয়ে গেছে
দুরুদুরু কাঁপছি আমলকী বন
ঋতুগুলি একে একে নিঃস্ব করে দিচ্ছে


আমিহীন হয়ে পড়ে আছে আমার ভিক্ষুক
এরপর ছায়াহীন রাত
প্রবেশ করছে শূন্যে ঘেরা কোটরের ভিতর

১৩

ঘর এবং পথ বুকের ভিতর পায়চারি করে
মাঝরাতে পথ এসে ঘরে বসে
দেওয়ালেরা পথ ছোঁয়, অনুভব করে
মাঠ ও আকাশ
কোমল নিষাদ বাজে দোতারার গানে
সুরের মৃদুরা হাসে, এসে বসে
একে একে অন্তরের মাঠ খুলে যায়

শূন্য আরো শূন্যতর হয়!

১৪

সাজানো রয়েছে
দাঁড়াশের পাশাপাশি নীল চন্দ্রবোড়া
কৌটোর গায়ে লেবেল সাঁটানো
রকমারি মশলাপাতি কিসমিস কাজু
তোমার নুনেতে দেখো নীলনদ
চিনিতে আখের বন
বিষভরা মধুমেহ

ট্যাপের জলেতে উষ্ণ প্রস্রবণ

সেপ্টেম্বর হে দুপুর
হে রান্নাঘর
দেখো দেয়ালের বুকে খই ফোটে
আঁশবটি স্ল্যাবের উপর সচেতনে অচেতন
চিমনির ভাপে যেন প্রবল প্রশ্বাস
সাড়া দেয়

সাজানো রয়েছে লাওপালা বিষধরে মোড়া
ও রান্নাঘর

১৫

কৃষ্ণচূড়া গাছের দিকে মুখ করে
স্থির হয়ে বসে আছে জল
গাছের বাদামী থেকে প্রবল দুপুর নেমে আসে
পাতার হলুদে জমা আমার লুকোনো কিছু পাঠ

চোখের কালোর থেকে মণি গলা জল ঝরে পড়ে
কৃষ্ণচূড়া ভেসে যায়
গলাজলে আমি জল ধুয়ে ফেলি
ফুলেফেঁপে ওঠে কৃষ্ণ কৃষ্ণ ঢেউ

১৬

পুরোনো পাকুড় গাছ চৌরাস্তা মোড়
ডানদিকে অগ্রগামী ছুঁয়ে দেয় সামান্য হৃদয়
পূবদিকে হায়দরপাড়া নীল এক গাঢ় রেখে যায়
সেইসব দাগ থেকে পরিচ্ছন্ন উঠে আসি আমি
আমার সমীহ আছে বেশ
ওড়না গড়ানো কিছু রস
পুরোনো পাকুড় গাছ চৌরাস্তা মোড়
পাশে লাল বাড়ি

লাল থেকে নীল খুঁটে খাই পরোয়াবিহীন

১৭

একটু পরেই মেয়েটি ঝলসে উঠবে
মুখের কালোগুলো গলে গলে পড়বে
এতকাল যে জবাফুলগুলো আপাদমস্তক
মেয়েটিকে মুড়ে রাখত এমনকী
যে পাতার জন্য মেয়েটির পায়ে বিন্দুমাত্র আঁচড়
লাগেনি, সেগুলোও নিশ্চিহ্ন হয়ে যাবে মুহূর্তে
বিরতিতে যাওয়ার আগে


আমাকে মুড়িয়ে রাখা বরফ আমি নিজেই
ভক্ষণ করে অগ্নিকুণ্ডে প্রবেশ করব
তারপর তিলতুলসী মুঠো করে হাঁটতে থাকব
হিমালয়ের দিকে

১৮

অদ্ভুত স্রোতের মতো দিনকাল
আশ্চর্য পাপের মতো হাহাকার
যেন ঘাম যেন হাঁসফাঁস বিষহীন সাপ—
তাপের ভিতরে থেকে আরো কিছু পাপে মেখে আছি

মাটিও কামড় খোঁজে, দাঁতের আড়াল থেকে দেখে নেয়
রিমিদের লালিমার নীল
গভীর খুঁটে খায় ঠিক যেন আমার ছায়ার মতো
যেন ছায়া বহুদূর কুয়াশায় মিশে যায়
তারপর মাটিমাখা হয়ে ভেসে যায়

পড়ে থাকি মুখ গুঁজে একা একা চিরচেনা খাদের কিনারে

১৯

স্বামী তখন আলো নিচ্ছে ভালো নিচ্ছে
অসাধারণ মুগ্ধতায় নরম নিতে নিতে
গিলে ফেলছে ভাসা ভাসা পেয়ারা আর
বিষধরের দংশন—
দেবতারাও গন্ধপুষ্পে পেখমের চামর দোলাচ্ছে
জগতের মধ্যে তৈরি হচ্ছে হাজার জগত !
ঠাকুরঘরে বিপদ-তারিণীর পাঁচালিতে
ইন্দু নাইয়ার ডাই করা গরদ
কলা বাতাসায় ধুনো কাঁসরের মরণ কামড়
বিপদের মুখে ছাই ঢালার অপেক্ষায়
পবিত্র আলতা সিঁদুর


দালানের ফাঁকফোকর যেন বসন্তের আভাস
কমলায় মুসান্ডার দোল


ব্যালকনির টবে তুলসীগাছ
ভ্যাবাচ্যাকা মুখে দাঁড়িয়ে রয়েছে !

২০

হওয়া আর না-হওয়ার মধ্যে সমুদ্র রেখেছি গোপনে
নুন এসে কান পাতে কানের ভিতর
জল খোঁজে তল ঠোঁটের পাতালে

অতলের দিকে যাই
দেখি মাঝরাত এসে মাটি খুঁড়ে
নিয়ে গেছে আমার অপার...

২১

আমাদের গন্ধরাজগুলো লবঙ্গের পাশে
রাখা আছে, পাহাড়ি ওয়েটিং রুমের
ভরদুপুরটি গোপন গোখরো হয়ে
জমে আছে চৌকো বিস্কুটের পাশে
এতটা পাশাপাশি থেকেও

অন্ধকারগুলো আলোতে বের করি মাঝেমাঝে
অথচ রক্ত ঝরে না!
বৃষ্টি ঝরে অঝোর!

২২
ফাঁকা বাড়ির দেওয়ালে লটকে দিলাম
তর্জনীর আঁচড়

অন্ধকারের পথে হাঁটি
অসহায় চেয়ারের বুকে আমার পাখিটিকে এলিয়ে দিলাম
ফাঁকা বাড়ির বুকে লুকিয়ে রাখলাম পাখিটিকে

পাখিটি কালো হয়ে ওঠা শিখে যায়    নিজে নিজে

২৩
বেশ কিছু সমুদ্রস্নানের মতো সন্ধ্যারাগ মনে পড়ে
প্রবল হাওয়ার মাঝে ফাঁকা পথে
ছায়াছায়া মায়া নেমেছিল
শরীরের সবটুকু নিয়ে দু-জনের ভীতমুখ
থুতনির আদর সহ এঁকেছিল নিবিড় পাথর
অবাধ করেছিল পথ সবুজ ঈশ্বর

তারপর ফিরে আসা !
থুড়ি, ঠিক আসা নয়, সপসপে ভিজে
গোলাপের পাপড়ি মেখে
ভীষণ জ্বরের ঘোরে থাকা বহুকাল

শিরোনামহীন রাগের কথা মনে পড়ে
স্বপ্নের ঘোরতর অন্ধকারে

দু-মুখো সাপটি রাখা আছে ওডোনিলের পাশে

২৪

মন ভর্তি পাখি নিয়ে বসে আছি
আলো ফেলছি প্রবল পাখির চোখে
পাখি আলো দেখছে না
আলো পাখি দেখছে না

ঘুমের ভিতরে দেখি প্রেক্ষাগৃহ ফাঁকা পড়ে আছে

২৫

এপারে কালো কফি ওপারে ধোঁয়াতে
এপারে ধোয়া ফুল কফির ছায়াতে
ওপারে ফণা তোলে কালোর আলেয়া
আলোর ঝলকানি লালচে কালিমা
নড়ে না মরীচিকা তরলে গুঞ্জন
বিষেরা দরবারী কানাড়া বনবন

এপারে কালো কফি ওপারে ধোঁয়াটে
নিজেই কেঁপে উঠি নিজের বনেতে
সাপেরা ছেঁকে ধরে নিভৃত নিঝুমে
ফোনেরা রুমঝুম কফির মায়াবী

দু-পাড়ে দুইমুখো সাপের পাখিরা
পালকে কালো মাখে কোটরে মদিরা

২৬

চিলাপাতার জঙ্গল লেগে আছে
গা থেকে খসে পড়ছে গহনা
মামড়ি ফেটে ফুটে উঠছে ঢেউ
ঢাল বেয়ে নেমে আসে তরোয়াল
জলাজংলা পেরিয়ে নর্তকেরা শ্যাওলার
মোড়ে নরম নামায়, হাতের নিবিড়
নিয়ে বেজে ওঠে বাজুবন্ধ
রুমঝুম মেখে মাতাল পাখিরা
পালকে পায়েল জড়ায়, ছড়াতে
থাকে ময়ূর, ময়ূরের পর ভাঁটফুলের
পাতার থেকে খসে পড়ে বুধবার
পেয়ালার দেওয়ালে কেউটের ছাপ
বাস্তুসাপ ফোঁসফোঁস করে     ঘোরাফেরা
করে নীরব দুপুরে

২৭
বাঘটি আমাকে ছাড়িয়ে গেছে

এখন আর নিজেকে দেখি না
একটি বাঘের মতন একটি আমার ভিতর
রিমির অভিনয় করি

২৮
কালো দোলনার নীচে মুখ গুঁজে পড়ে আছি
প্রবল ভীড়ের মাঝে
প্রবল নিভৃতে

দোলনার দোল বোল হিল্লোল
আমার কালোতে মেশাই

বিয়োগফলের মতো গাঢ় কালো বাঘ হয়ে পড়ে থাকি

২৯
বর্ষায় ভরে ওঠে রাস্তা ও চৌকাঠ
চা-চামচে একখণ্ড বনাঞ্চল
পাক্কা খেলুড়ের মতো  আগামী তিনদিন
ভারি থেকে অতিভারি বৃষ্টিপাতের সম্ভাবনা

কী অপূর্ব শ্যাওলা প্রতি ভাঁজে
প্রতি খাঁজে কবিতার জল

রাধাভাবে মেঘকালো কেউ
ঈশানে গর্জন

৩০
মুখ মুছে ফেলি
যেন রোদ তার প্রখর ভুলেছে

কবিতা জানে না তার শেষ ভুল কবে!

৩১
ঠিক কবে থেকে যে মুগ্ধতা তৈরি হয়েছিল
                        মনেই পড়ে না

আদৌ কী বন্ধু বলে কিছু হয়
সন্ধে হলেই প্রদীপ জ্বলে কিংবা
প্রদীপ জ্বাললেই সন্ধে নামে


কে আগে কে পরে
এসব হিসেব কষতে কষতেই
শীতকাল চলে আসে বইমেলার বুকে
কতইনা কাদা ছোড়াছুড়ি


আর ওদিকে মধ্যরাতের ওষে ভিজতে ভিজতে
বাংলা কবিতা সপসপে হয়ে ওঠে

৩২

এই জামাটিই এতকাল পরে ছিলাম ভাবতাম

যে জামাটির জন্যই এতকাল ধরে ফ্যা-ফ্যা করে ঘোরাফেরা
বাড়ির সামনে পেছনে এই জামাটিই পড়ে আছে কবিতার মতো
ছয় ঋতু জুড়ে
ছাপ ছাপ পাহাড়ের ছায়া
গাছহীন কর্কশ পাথর জামার শরীরে লেখা
কিছুতেই পিছন ছাড়ে না

পুড়িয়ে ফেলবার পরও জামাটির থেকে কোনো নিস্তার নেই!

৩৩

দাহ করা হল ঐ শীতঘুম
দীর্ঘ এক যুগ পর
ওই জরি ও জর্জর
জড়িয়ে মড়িয়ে একাকী চলার অভ্যাস
হাত থেকে খসে গেছে অনাদি অতীত

পা থেকে পাতালের ঘ্রাণ
তবু প্রাণ চায়
চক্ষুও চায় ভেঙে দিতে ঘাসের আড়াল
ভাষা ভাসা ভাসা হাসে ঘুমের কাতরে
যেসব মরণ কামড় ঘটে গেছে
তার সবটাই মনের জঙ্গল

আজ মঙ্গলবার
দাহ করা হল শীতঘুম

৩৪

জঙ্গল দৌড়চ্ছে পেছনে পেছনে
আমিও জঙ্গলের পেছনে
গোল গোল আঁকাবাঁকা
কে কার সামনে কে কার পেছনে
বোঝা যাচ্ছে না

কেউ কাউকে ছুঁতে পারছে না

৩৫
দুই হাতে অনন্ত মেখে মেখে আরাধনা করি

দরজা বন্ধ করে ঘাসফুল নদী আঁকে
আমি মাটি মাটি বলে চিৎকার করি
মাটিও সাড়া দেয়
নাড়া দেয় দেহের ভিতর
দেহের গভীরে চলে ধান-দুব্বো খেলা
ঘাসফুল রেগে গিয়ে আরো বেশি নদী নদী
করে, আমার উপচার থেকে বেলপাতা মৃদু হাসে

দুই হাত শক্ত করে ভেঙে ফেলি আমার দরজা
আমার আলোরা এসে আমাকে
মাটি চাপা দিয়ে জল-ধোয়া করে
ঘাসফুল নদী নদী করে

আমি ডুবে মরে ফুল ফুল বলি !

৩৬

আগামী দশদিন ঘরটি শূন্যে দুলবে
এই ক-টা দিন কুয়াশা বর্হিভূত অঞ্চল—
বন্ধ দরজার ভিতর যা যা ঘটবে কিংবা যা যা ঘটবে না
অথবা দেওয়ালে ভর্তি নির্বাক চোখগুলো
চৌকো মেঝেটিকে গিলবে
হয়তো পাতালের অতল থেকে মেঝে ফেটে
বেরিয়ে আসা হাসি-কান্নাগুলোর সাথে ঘুরতে ঘুরতে
আমি ভার্টিগোয় ঘুরতে ঘুরতে মাথা হারিয়ে ফেলব

শূন্য ছুঁয়ে ছুঁয়ে মাথাটি মাথাহীন হয়ে পড়বে

৩৭

ধাক্কাটির নাম জীবনের শূন্য হতে পারে
ধাক্কাটির সামনে ও পেছনে গভীর খাদ
খাদ মানে মারাত্মক ছাদও হতে পারে
যার ভিতরে গল্পগুলি লুকিয়ে থাকে সত্যি নিয়ে
যে সত্যিগুলো ওড়না সরিয়ে সামনে এলে
একটি শূন্য ছায়া সরিয়ে মায়াজাল সরিয়ে
চরিত্র হয়ে উঠতে পারে

ধাক্কাটির জন্য আমি শূন্য হয়ে যেতে পারি

৩৮

লাল বাড়িটি রসগোল্লা ছুঁয়ে ছুঁয়ে এগিয়ে আসছে
লাল বাড়ি থেকে বেরিয়ে আসা রাস্তাটি
মানুষ ও মোহ ছুঁয়ে ছুঁয়ে হেঁটে যায়
ওই সুদূরে অনন্তের পথে কে যেন হেঁটে যায়

যাকে চেনার জন্য আমার লক্ষ লক্ষ পথ
লাল হয়ে ওঠে

আমি রসগোল্লা ছুঁয়ে ছুঁয়ে হেঁটে যেতে থাকি

৩৯

পায়ের গায়ে মল ঝলমল করছে
গা থেকে গড়িয়ে পড়ছে গ্রাম ও গয়না

তোয়াক্কা করছে না পাথরের
পায়ের সামনে পেছনে বেড়া ও বেড়াল
লক্ষ করছে পাথুরে দৃষ্টি

অনন্ত আড়াল করে পালিয়ে যাচ্ছে শূন্যমাখা পা    পাতালে

৪০

ভাবি, জল পথ হবে
পথ জল হবে
জলপথে হাঁটিনি কখনো

জলপথে হাঁটিনি কখনো !
ওই তো করতলে মেঘ ও মল্লার
হাঁটুজলে ভোরের গান্ধার
বিরহের খুঁট, কোল আঁচলে
কুচোকুচো বোইরালি মাছ

এসব নদীপথ শূন্যপথে ছুটে এসে নীরবতা দেয়

ভাবি, স্থির হব ! বিজুরী !

৪১

এত যে দোলনার দোল
এত যে হিসেব বর্হির্ভূত ফুল ও কাজল
এত যে বিবাদ ও বিলাবল ঠাঁট
তার কতটুকু প্রকৃত বিষাদ
যেন আজ কিছুই জানো না
যেন সব ধুলো ধুয়ে গেছে গোধূলির যাদুতে
রহস্য থেকে টুপটাপ আলো

রহস্য থেকে টুপটাপ অন্ধকার
এসবের সবটাই তো উপত্যকা ছুঁয়ে ছুঁয়ে
একটি অনিশ্চিত মাটি মাটি ভান
তাৎক্ষণিক আরাম ও কেদারা
আমাদের ঘুম ও নির্ঘুম...
যেন চিরদিন বিবাদহীন বিষাদহীন
এতটাই দোয়েল ফুলে ফলে থাকে আজকাল
এই নাতিশীতোষ্ণ অঞ্চল

নামাজ পড়তে পড়তে
সিঁড়ি ভাঙতে ভাঙতে বিকেল
খুব ভোরে কৃষ্ণের অষ্টশত নাম
                সিঁড়ি ভাঙতে ভাঙতে

প্রাচীন কোনো ছাদের সন্ধানে এলোমেলো দাগ হাতড়াই...

৪২

থলথলে বউয়ের কোলে পুঁচকে হ্যান্ডসামটাকে
বসিয়ে দিব্যি তো 'আমাদের আগামী' বলে আপডেট
দিচ্ছিস খোকনদা। অবসর কাটাচ্ছিস।
অথচ কয়েকবছর আগেও বলেছিলি
সাচ্চা কমিউনিস্টদের কোনো বন্ধনজন থাকতে নেই
সীমাদি তোর জন্য অপেক্ষা করতে করতে
চুল সোনালী করে ফেললো। অ্যাসাইনমেন্ট সময়ের
আগে সারা হয়ে গেলে রাতের পর রাত ডিমাপাড়া
থেকেছিস, লেবু লঙ্কা নুন দিয়ে ভদকা বানিয়ে
খেয়ে কতদিন আমি রাত করে বাড়ি ফিরেছি
পরদিন স্কুলে সীমাদি জুলজুল চোখে
তোর ভদকা মাখা পুরুষের গল্প শোনাতো
আর ফেরার পথে যখন আমি আর সীমাদি
তখন তোর বাঘ হয়ে ওঠার প্রতি মুহূর্ত পুঙ্খানুপুঙ্খ বর্ণনা করত
আমি ঢোঁক গিলতে গিলতে ভিতরে ভিতরে
বাঘপিপাসু হয়ে উঠতাম। এরপর জল খুব ঘোলা হলে
সীমাদি হারিয়ে যায় কিন্তু গল্প থামে না

তুই বা তোর মতো কেউ কেউ
ফেসবুকে জন্ম নিয়ে লৌকিককে অলৌকিক করে দিস
সর্বধর্ম সমন্বয় নিয়ে সমিতি গড়িস

গোটা পরিবার নিয়ে এক ছাতার নীচে দাঁড়িয়ে
ছবি পোস্ট করিস খোকনদা!

৪৩

যেগুলি বলার ছিল কিংবা যেগুলি বলার ছিল না
সবগুলি মিলেমিশে অন্ধকার ফুল হয়ে জেগে আছে

ওই পথ আমার ছিল না
ওই পথ তোমারও ছিল না

ভুলভুলাইয়ার ভিতর ঘুরপাক খাচ্ছি অবিরাম

৪৪

ওয়ার্ডে লিখতে বসলেই খুলে যাওয়া সাদা
কিবোর্ডের সমস্ত লেটার শুষে নেয়
মন যা বলছে হাত তা বলছে না
সামনের দিকে ফাঁকা রাস্তা এখন
পেছনেও মরুভুমির কুয়াশারা ঘোরাফেরা করে

দুষণের অক্ষরগুলো ভিতরে ভিতরে বয়ে চলেছি
সেই কোনকাল থেকে
ভিতরে কোন কিবোর্ড নেই, তাই
টাইপ ছাড়াই ফাইলে ভরে যাচ্ছে
বাঘ সিংহ খানখন্দ পচা-গলা অভিমান

শাদা পাতার নীচে কালো নদী কুলুস্বরে বয়ে চলেছে অবিরাম

৪৫

সাপটি কোটরে দলা পাকিয়ে রয়েছে
না-হওয়া গল্পটি গাছের চারদিকে ছড়িয়ে রয়েছে
সাপটি বেরিয়ে আসে বয়সের ভার নিয়ে

উঠোনে বর্ষার
বন্যায় ফেলে যাওয়া পুঁতিগন্ধময় মাটি
মা পরিষ্কার করে
বাবা দূর থেকে দেখে
মা গাছের কাছে যায় ঘুরপাক খায়
মা সংসার ধোয়াধুয়ি করে
হয়ে যাওয়া গল্পটি ফ্রিজের উপরে সাজিয়ে রাখে
বাবা তাকে কলা ভেবে আম ভেবে খেয়ে নেয়

মা হয়ে যাওয়া গল্পের দিকে তাকিয়ে
না-হওয়া গল্পের কথা ভাবতে থাকে

সাপটি মাঝে মাঝে বেরিয়ে আসে
মুচকি হেসে
আবার কোটরে দলা পাকায়
খেলা চলে শতাব্দীর পর শতাব্দী

৪৬

উবু হয়ে বসে আছে রাতের সম্রাট ঘাসের উপর
খানাখন্দ তুলে এনে জমা করে
বুকের নিবিড়
নিজের শরীর থেকে খুলে রাখে
বেদনা ও নিষাদ
ধীরে রাজা দূর্বাঘাস ছোঁয়
রাত থেকে রাতের রাগিণী ছিঁড়ে নেয়

রাত যত বড়ো হয় রাজা তত গাঢ় রাত
দুই হাতে মরু ও পাহাড় নিয়ে নাচে
বটের ঝুড়ির মতো নেমে আসে মনের ঝালর
প্রবল বসন্ত ঝেঁপে এলে ত্রিভুবন কাঁপে
ঝাঁপতালে গেয়ে ফেলি বিষের বিষাদ
যেন আমি চাপে আর পাপে পিষ্ট হই
ঘোমটার আড়াল রেখে চন্দ্রবোড়া খেলি
নিজেই নিজের শীৎকার ভোগ করি

এরকম রানি নিয়ে রাজার বনবাস

বসবাস...

৪৭

কিছুটা কুয়াশা মিটিয়ে দিলাম তোমার
পরের স্তবকে দেখি বাকি পড়ে আছে আরো
দুটো স্পেসের পর আর তাকাতে পারি না
তুমি তো ঘাস হচ্ছ, নদী হয়ে এঁকেবেঁকে
চলে যাচ্ছ এদিক সেদিক
আড়চোখে সুন্দরী গোলাপ

পায়রার মতো মানুষ হয়ে আছি
বুকভর্তি বকম বকম

বাকিটা কুয়াশায় লালের মতো কিছুটা ভান করি

৪৮

হওয়া আর না হওয়ার ভিতর হাওয়া বইছে

কাঁপতে কাঁপতে পিছিয়ে যাচ্ছি বেহালায়
কাঁপাতে কাঁপাতে এগিয়ে যাচ্ছি সন্তুরে

মন যা বলছে
রোদ উঠলে মন তা হারিয়ে ফেলছে
ফাঁকা শব্দের ভিতর প্রবেশ করে সশব্দে বেজে উঠছি খানিকটা

৪৯
গাছের নীচের ওই ডানপাশে
স্থির এক ঢেউ বসে আছে
ঠিক বসা নয়
উদভ্রান্ত নীলের কাছাকাছি থেকে
আরো গাঢ় কালো হয়ে থাকা

ধস নামে
খসে যায় ঢেউয়ের বাঁধন
বামদিকে সেবক বাজার ওর
পারাবার খুলে দেয়

৫০

মুখের ভিতরে এক কুৎসিত মুখ জেগে আছে
দুধে জলে বড়ো করি তাকে
তেলে তিলে আরো আরো কালো
নিবিড় কালোর থেকে নীল রং ঝরে পড়ে
আজকাল, আজকাল মুখোশের মতো
ঘন কালো নানান শেডের হাসিময়
খেলুড়ের নিষাদ থেকে গলে পড়ে বেদানার দানা
রূপের ধরন দেখে বিন্দুমাত্র বিচলিত নই
এমন ধারণা নিয়ে লালসার লালা জমা করি

লুকোনো মুখরগুলো মাঝরাতে কড়া নাড়ে তবু!

৫১

যতটা বলার কথা ছিল, কিংবা যা যা বলব না বলে
ঠিক করছিলাম সেসবের মধ্যে যা যা ছিল অথবা
যা যা ছিল না তা নিয়ে কোনো হর্ষ বা বিষাদ নেই।

অথচ তুই কিংবা তোর ছায়া ভোর ভোর
বেরিয়ে পড়িস, পথের সামনে পড়ে থাকা
আমার পাখি ও নদী দেখেও দেখিস না
আবার তোর আপাত আড়াল করা সমুদ্র
আমার পাশবালিশে ছড়িয়ে রাখিস নিজের অজান্তে

আমি নুন হাতড়াতে হাতড়াতে ছায়া হাতড়াতে হাতড়াতে
জললগ্ন হয়ে যেতে থাকি

এসব কিন্তু বলবার কথা নয়

৫২

পথ জুড়ে সংশয় ও সংসার
কথা ঝাঁপ দেয় গোছানো সন্ধ্যায়
সেইদিকে মাছ আসে
সেইদিকে সুর ও সুরেলা অন্ধকার
নিয়ে কথা কাটাকাটি হয়
প্রদীপের আলোয় বিবাহ ভাগ করে
চেটেপুটে খায় আতঙ্কিত আভা
তীব্র আঁশটে পেয়ে ছুটে আসে কৃষকের বউ

আমি নদীর কিনারে বসে জল নাড়ি দুই হাতে

অভিজ্ঞ দর্শকের ভূমিকায় অভিনয় করে
খুঁটে খাই নিজের নিবিড়ে গোধূলির সীমাহীন

৫৩

দশদিক শূন্যের ভেতরে রেখেছে পথ

চলা শুরু করলেই প্রথমে কেয়ারি ঘাস
পরে ময়ূর ও আড়চোখ
সবশেষে ঘনবনে চিরচেনা বাঘ ও বাগান

জংলী ও জংলা সূক্ষ্ম পায়ে হেঁটে গেলে

পথ খুলে দেয় দিগন্তের জোয়ার ও ভাঁটা
পূর্ণ ও শূন্য পরিপূরক হয়ে ওঠে
একে অপরের

আমরা প্রকৃত পাঠক হয়ে উঠি

৫৪

কী দরকার ছিল এমন করে গিরগিটি
উগড়ে দেওয়ার

এই তো দু-পা দূরত্ব
কয়েকটা ইউক্যালিপটাস আর মুসান্ডা
এক দেড় মাইল দূষণের মধ্যেই তো
আশ্রমপাড়া আর বাবুপাড়া

ঠিক কবে থেকে যে ঘাম আর
শিশিরের সাথে বিন্দু বিন্দু বাঘ জমে
জমে বাড়ি আর হাঁড়ির ভিতরটা
দ্য রয়্যাল বেঙ্গল টাইগার হয়ে গেল
আজ তা মনেই পড়ে না

৫৫

মাছের সঙ্গে গল্পটির সম্পর্ক নেই বিন্দুমাত্র
বেড়ালের সঙ্গে গল্পটির সম্পর্ক নেই বিন্দুমাত্র
কুকুরের সঙ্গে গল্পটির সম্পর্ক নেই বিন্দুমাত্র
শাদা গল্পটি এক-পা এগোয় দু-পা পেছোয়
বন্ধনীগুলি উঠে যাওয়ার পর গল্পটি সরল অংক হয়ে ওঠে

অথচ ঠাকুরমার ঝুলি থেকে বেরিয়ে আসে বাঘের মাসী
প্রচুর গল্পের সম্ভাবনা নিয়ে